Arbeitsbelastungsfaktor Mobbing

Schwerpunkt

Gegenmaßnahmen

von

Diplom-Sozialökonom

Stefan Wahle

www.sw-sportbuch.de

Impressum

© 2018 Copyright by Stefan Wahle, Hamburg

2. Auflage

Autor: Stefan Wahle

www.sw-sportbuch.de
info@sw-sportbuch.de

Verlag und Herstellung:

BoD – Books on Demand, Norderstedt

ISBN 978-3-7448-9298-8

Inhaltsverzeichnis

	Vorwort	9
1.	Einleitung	11
1.1.	Fragestellung	11
1.2.	Definitionen	12
1.2.1.	Was ist Mobbing?	12
1.2.2.	Der Verlauf eines Mobbing-Prozesses (Phasen)	21
2.	Gegenmaßnahmen	25
2.1.	Präventivmaßnahmen	25
2.1.1.	Gestaltung der Arbeitsorganisation im Betrieb	26

2.1.2.   Wahl des „richtigen" Führungs-

stils   31

2.1.3.   Schulung der Führungskräfte in

Bezug auf Konflikterkennung

und Konfliktlösung   35

2.1.4.   Thematisierung von Mobbing

im Betrieb   37

2.1.5.   Betriebsvereinbarungen   39

2.1.6.   Entwicklung von betrieblichen

Schlichtungsmodellen   40

2.1.7.   Mobbing-Beauftragter im

Betrieb   45

2.1.8.	Regelmäßige innerbetriebliche Aussprachen – Informationsaustausch	47
2.1.9.	Betriebliche Patenschaften	49
2.1.10.	Überbetriebliche Beratungsstellen	50
2.1.11.	Verbesserung des rechtlichen Schutzes	53
2.1.12.	Auswahl der Arbeitsstelle unter sozialen Gesichtspunkten	54
2.1.13.	Steuerung des eigenen Verhaltens bei Aufnahme einer Arbeitsstelle	57

2.2. Maßnahmen gegen eine akute Mobbingsituation 59

2.2.1. Analyse der Situation und Aufdeckung des Konfliktes bzw. der Mobbingursachen 59

2.2.2. Dokumentation der Mobbinghandlungen 61

2.2.3. Sicherung und Stärkung der persönlichen Ressourcen 63

2.2.4. Beratung von kompetenter Seite in Anspruch nehmen 66

2.2.5. Einen geeigneten Arzt aufsuchen 69

2.2.6.	Gesprächsaufnahme durch den Betroffenen mit dem Mobber	71
2.2.7.	Stärkung der eigenen Position	
2.2.8.	„Innere" Kündigung	75
2.2.9.	Juristische Gegenwehr	76
2.2.9.1.	Beschwerde beim Betriebsrat	
2.2.9.2.	Beschwerde beim Arbeitgeber	
2.2.9.3.	Eigene Kündigung des betroffenen Arbeitnehmers	81
2.2.9.4.	Gegenwehr gegen eine Kündigung des betroffenen Arbeitnehmers durch den Arbeitgeber	85

2.2.9.5.	Anregung der Kündigung des Schädigers	87
2.2.9.6.	Anspruch auf Unterlassung (§ 1004 BGB)	89
2.2.9.7.	Schadensersatzpflicht des Arbeitgebers	90
2.2.9.8.	Strafrechtliche Schritte	93
3.	Schlussbemerkung	97
4.	Literaturverzeichnis	101

Vorwort

Das Thema Mobbing ist seit mehr ca. 25 Jahren immer mal mehr oder weniger in der öf-
fentlichen Diskussion. Sicherlich hat es dieses Phänomen auch vorher schon gegeben,
wenn es auch nicht unter dem Begriff „Mobbing" geführt wurde.

Dieses Buch beschäftigt sich schwerpunkt-
mäßig mit den „Gegenmaßnahmen" und ist
somit in erster Linie für Betroffene, aber auch
für Personalverantwortliche, Betriebsratsmit-
glieder, Betriebsinhaber und dergleichen, ge-
eignet.

Ich habe die einschlägige, wissenschaftliche
Literatur zu diesem Thema ausgewertet, wobei ich von den Veröffentlichungen von Prof.
Heinz Leymann, der als Pionier in der Erforschung dieses zwischenmenschlichen Phä-
nomens gilt, enttäuscht war. Inhaltlich sowie

in Stil und Gliederung sind ihm andere Autoren, wie z.B. Dr. Martin Resch und Berndt Zuschlag, weit überlegen. Dennoch scheint niemand an Prof. Leymann vorbeizukommen, da ihn letztendlich alle in irgendeiner Form zitieren. Schließlich war er einer der Ersten, die zum Thema „zwischenmenschliche Beziehungen am Arbeitsplatz" empirische Untersuchungen vornahmen und deren Ergebnisse der Öffentlichkeit präsentierten. Erst durch diese Untersuchungen wurde der heute verwendete Begriff „Mobbing" überhaupt entwickelt und geprägt. Dass es Konflikte am Arbeitsplatz gibt und immer gegeben hat, war zwar schon vorher bekannt und nichts Ungewöhnliches; welche systematischen und schikanösen Handlungen daraus jedoch entstehen können, war unbekannt. Das Phänomen des organisierten und systematischen Psychoterrors am Arbeitsplatz durch Kollegen, Vorgesetzte oder Untergebene war für die Forscher eine erschreckende Neuentdeckung.

1. Einleitung

1.1. Fragestellung

Thema dieses Buches ist der „Arbeitsbelastungsfaktor Mobbing". Eingrenzend soll es um die präzisierte Fragestellung „Welche Gegenmaßnahmen gibt es gegen den Arbeitsplatzbelastungsfaktor Mobbing?" gehen.

Zunächst werden mögliche Präventivmaßnahmen dargestellt, die vom Arbeitnehmer oder vom Arbeitgeber ergriffen werden können, um bereits im Vorfeld der Entstehung von Mobbingsituationen im Betrieb entgegenzuwirken. Ebenso leisten auch Organisationen, wie z.B. die Gewerkschaften, im Bereich Präventivmaßnahmen wertvolle Arbeit.

Die hier entwickelten Maßnahmen gegen eine akute Mobbingsituation wurden in erster Linie für den Betroffenen geschaffen, der diese als Erster vordringlich benötigt. Schließlich betrifft ihn die belastende Situation in voller Härte und unmittelbar.

Im Rahmen der Schlussbemerkung soll eine grundsätzliche Bewertung der Erfolgsaussichten der vorgestellten Maßnahmen unter Berücksichtigung der äußerst schwierigen Situation einer gemobbten Person getätigt werden.

1.2.   Definitionen

1.2.1.   Was ist Mobbing?

Zunächst einmal kann der Begriff Mobbing vom englischen Wort „mob" abgeleitet werden. Als Verb bedeutet „to mob" „anpöbeln". Als Substantiv bedeutet „mob" „Pöbel". (Langenscheidt 1972: S. 170)

Hesse und Schrader gehen sogar soweit, „mob" als Meute zu übersetzen, wobei die Kollegen-Meute einen Schwachen hetzt (Hesse und Schrader 1993: S. 11 f.). Tierische Anklänge sind hierbei beabsichtigt.

„Mobbing" ist die Verlaufsform von „to mob". Hierunter kann die Tätigkeit einer oder mehrerer Personen verstanden werden, die am Arbeitsplatz unterstellte Mitarbeiter, Kollegen oder Vorgesetzte systematisch und über einen längeren Zeitraum regelmäßig schikanieren. Dabei kann auch das Unterlassen einer Handlung eine schikanierende Wirkung haben.

Die vielfach in der Fachliteratur zitierte allgemeine Definition des Pioniers in der Forschung auf dem Gebiet der zwischenmenschlichen Beziehungen am Arbeitsplatz Prof. Dr.

Leymann lautet: „Der Begriff Mobbing beschreibt negative kommunikative Handlungen, die gegen eine Person gerichtet sind (von einer oder mehreren anderen) und die sehr oft über einen längeren Zeitraum hinaus vorkommen und damit die Beziehung zwischen Täter und Opfer kennzeichnen." (Leymann 1993: S. 21)

Diese allgemeine Definition ist jedoch nicht ganz unproblematisch und wird deshalb auch von Berndt Zuschlag kritisiert. Zum einen ist die Beschränkung auf „kommunikative" Handlungen missverständlich und überflüssig. Offen bleibt dabei nämlich, was denn unter nicht kommunikativen Handlungen zu verstehen sei und ob diese nicht auch unter Umständen Mobbing sein könnten. Letztendlich impliziert jede Handlung zwischen mindestens 2 Personen einen kommunikativen Aspekt. Die zweite Einschränkung von Leymann ist ebenso in Frage zu stellen. Leymann beschränkt die negativen Handlungen auf eine Person, die Ziel dieser Attacken ist. In der Praxis ist es durchaus nicht ungewöhnlich, dass ganze Gruppen von Personen Opfer von Mobbinghandlungen werden können. Als Beispiel wären hier Ausländer, Frauen und Behinderte zu nennen. (Zuschlag 1994: S. 4)

Für seine Untersuchungen hat Leymann zusätzlich eine statistische Begriffsdefinition entwickelt: „Mobbing ist dann gegeben, wenn eine von 45 genau beschriebenen Handlungen über ein halbes Jahr oder länger mindestens einmal pro Woche vorkommen." (Leymann 1993: S. 22)

Natürlich muss im Rahmen einer statistischen Untersuchung eine klare Abgrenzung erfolgen, um die erfassten Daten einordnen und auswerten zu können. Und immer, wo Grenzen gezogen werden müssen, kann es dann zu Ungenauig- bzw. Ungerechtigkeiten kommen. Fatal ist jedoch, dass diese ursprünglich nur statistische Definition von manchen Fachautoren als quasi allgemeine Definition von Mobbing übernommen wurde, so z.B. von Huber 1993: S. 11; Walter 1993: S. 25 u.a..

Zuschlag kritisiert daher auch diese Definition. Ihm fehlt in ihr der Aspekt, dass es die Absicht des Akteurs sein muss, durch seine Handlung den Betroffenen zum Opfer zu machen, ihn zu schikanieren und zu schädigen. In den 45 aufgelisteten Handlungen sind durchaus auch einige enthalten, die aus betrieblichen Gründen der Geschäftsleitung als erforderlich erscheinen und keine Absicht der Schädigung des Betroffenen verfolgen. Dennoch kann diese Situation von sensiblen Personen subjektiv als Mobbing verstanden werden. Eine gründliche Erforschung der jeweiligen Situation und deren Ursachen sind daher von großer Wichtigkeit, um festzustellen, ob es sich dabei wirklich um Mobbing oder nur ein Missverständnis handelt. Aber auch bei einem Missverständnis besteht Handlungsbedarf, da der Betroffene unter dieser missverstandenen Situation ebenfalls leiden und durch sie Schaden nehmen kann. Die statistische Definition zu verallgemeinern hieße auch, Betroffene als „Nicht-Gemobbte" zu bezeichnen, wenn die verwendeten Handlungsweisen nicht in der Liste aufgeführt sind, die Opfer den Handlungen weniger als ½ Jahr ausgesetzt sind oder die Handlungen weniger als einmal die Woche erfolgen. So würde bereits eine Person, die seit 2 Jahren einmal alle 14 Tage schikaniert wird, nicht mehr als Mobbingopfer gelten. Das Gleiche würde für eine Person zutreffen, die täglich in extremster Weise über 4 Monate hinweg gemobbt wird. Der Personalchef oder Vorgesetzte jedoch, der mit seinem Eingreifen solange wartet, bis der Mobbingtatbestand nach dieser Definition erfüllt ist, verpasst mit Sicherheit den Zeitpunkt, um noch eine einigermaßen gütliche Einigung herbeizuführen. (Zuschlag 1994: S. 5 ff.)

Die Absicht, die hinter jeder Definition steckt, darf bei aller Kritik nicht vernachlässigt werden. Letztendlich geht es darum, Mobbing von normalen, alltäglichen Konflikten in der Arbeitswelt abzugrenzen. Konflikte kommen überall da vor, wo unterschiedliche Menschen mit verschiedenen Charakteren und Meinungen zusammentreffen und näheren Kontakt pflegen müssen. Sie haben sich am Arbeitsplatz nicht freiwillig zusammengefunden, müssen aber dennoch meist eng zusammenarbeiten. Meinungsverschiedenheiten, vereinzelte Streitereien oder Späße auf Kosten eines anderen können daher schon einmal vorkommen. Zum Mobbing wird es dann, wenn schikanöse Handlungen systematisch und über einen längeren Zeitraum erfolgen, um den oder die Betroffenen zu schädigen, sein oder ihr Ansehen herabzusetzen und ihn oder sie im Extremfall aus dem Unternehmen zu vertreiben.

Die Definitionsfrage wurde bewusst ausführlich behandelt, weil gezielte Gegenmaßnahmen erst ergriffen werden können, wenn man sich im Klaren darüber ist, dass es sich um eine Mobbingsituation handelt. Irreführende, ungenaue oder einfach schlechte Definitionen können dabei zu Fehleinschätzungen führen, wobei als Folge der richtige Zeitpunkt für Gegensteuerungsmaßnahmen verpasst wird.

1.2.2.   Der Verlauf eines Mobbing-Prozesses (Phasen)

In der Literatur sind die unterschiedlichsten Phasenmodelle für den Ablauf eines Mobbing- bzw. Konfliktprozesses entwickelt worden. Am häufigsten wird das 4-Phasenmodell (so auch von Leymann 1993: S. 59 ff.) vertreten. Es existieren jedoch auch 5-, 7- oder gar 9-Phasenmodelle (9-Phasen-Modell von Paul Gamber 1995: S. 31 ff.). Sie unterscheiden sich nicht nur in der Anzahl der Phasen, sondern auch zum Teil inhaltlich.

Beide Extreme, zu wenige oder zu viele Phasen, werden der Problematik nicht gerecht. Ein Modell mit zu wenigen Phasen differenziert den Mobbingprozess nicht genug, während ein Modell mit zu vielen Phasen den Ablauf bis zur Unübersichtlichkeit zerpflückt.

Für dieses Buch wurde das 5-Phasenmodell von Dr. Martin Resch (1994: S. 39) gewählt:

1. Ein Konflikt entsteht.
2. Der Psychoterror beginnt.
3. Erste arbeitsrechtliche Maßnahmen folgen.
4. Ärztliche und psychologische Falschdiagnosen verschlimmern die Situation.
5. Das Arbeitsverhältnis wird zwangsweise beendet.

In der 1. Phase liegt noch ein normaler, alltäglicher Konflikt vor. Kann dieser nicht in irgendeiner Form gelöst werden, entstehen bei den Konfliktparteien mitunter Aggressionen, die bei einer der beiden Konfliktparteien dazu führen können, dass diese ihre aufgestaute Wut und sonstigen Gefühlsaufwallungen durch Vornahme von Mobbinghandlungen abzureagieren versucht. Die 2. Phase beginnt. Schikanöse Handlungen werden gezielt und fortgesetzt vorgenommen, um den anderen zu schädigen. Dabei kommt es zu einer Rollenaufteilung in Täter und Opfer, wobei das Opfer immer weiter geschwächt wird. Dies bleibt letztendlich nicht ohne negative Folgen für den betrieblichen Leistungserstellungsprozess. Die 3. Phase wird eingeleitet, in der arbeitsrechtliche Maßnahmen, bedauerlicherweise meist gegen das Mobbingopfer, vorgenommen werden. Erfährt das Opfer somit im Betrieb bei Vorgesetzten und Betriebsrat keine Unterstützung, sondern wird sogar mit negativen Sanktionen belegt, verschlimmert sich die Situation, psychische und dann daraus resultierende physische (psychosomatische) Auswirkungen verstärken sich. Der Betroffene begibt sich in ärztliche bzw. psychologische Obhut. Wird die Krankheitsursache Mobbing nicht erkannt, was oftmals der Fall ist (Leymann 1993: S. 67; Zuschlag 1994: S. 137; Waniorek 1994: S. 23; Walter 1993: S. 103 f.; Resch 1994: S. 116), kommt es zu keiner Besserung, sondern meist noch zu einer Verschlechterung des gesundheitlichen Zustandes, da nur die Symptome behandelt, nicht aber die Ursachen beseitigt werden. Das Opfer fühlt sich auch hier missverstanden und alleingelassen. Nun ist die 5. und letzte Phase nicht mehr weit. Das Arbeitsverhältnis wird zwangsweise beendet. Entweder hält der Betroffene die Situation nicht mehr aus und zieht daraus resultierend die Konsequenz der Eigenkündigung oder der Arbeitgeber kündigt die ihm lästig gewordene Person (das Opfer!; Waniorek 1994: S. 144 ff.) unter einem Vorwand. Unter Umständen wird der Betroffene auch zu einer „freiwilligen" Vertragsauflösung im beiderseitigen Einverständnis genötigt. Psychosomatische Krankheitsverläufe können sich zudem so negativ entwickeln, dass lange Fehlzeiten und letztendlich eine Erwerbsunfähigkeit die Folge sind. Selbstmorde und Selbstmordversuche sind keine Seltenheit (Resch 1994: S. 120).

2.   Gegenmaßnahmen

2.1.   Präventivmaßnahmen

In jedem Unternehmen sollte von vornherein Wert auf ein gutes Betriebsklima gelegt werden. Ein schlechtes Betriebsklima und Mobbinghandlungen im Betrieb haben negative Auswirkungen auf die Produktqualität, die Arbeitsproduktivität und die Pflege der Betriebsmittel. Neben der schlechten Leistungsmotivation der Mitarbeiter steigen zusätzlich die Produktionskosten durch die eingeschränkten Einsatzmöglichkeiten der Mitarbeiter, Kosten für erhöhte Fehlzeiten, geringere Flexibilität der Mitarbeiter gegenüber Veränderungen und Innovationen und höhere Mitarbeiterfluktuationen infolge häufigerer Kündigungen. (Walter 1993: S. 13 ff.)

Ein positives Betriebsklima muss jedoch erarbeitet und kann nur durch ständige Bemühungen erhalten werden. Die nachfolgenden

Präventivmaßnahmen gegen Mobbing sind hierbei der Sache dienlich.

2.1.1. Gestaltung der Arbeitsorganisation im Betrieb

Bereits Leymann weist darauf hin, dass die Organisation der Arbeit und die Aufgabengestaltung Mobbing begünstigen können, sofern Defizite in diesen Bereichen bestehen. Quantitative Überbelastung, also mehr Arbeit, als der Mitarbeiter bewältigen kann oder qualitative Unterbelastung mit einem hohen Grad von Monotonie und Inhaltsarmut der Beschäftigung kann zu Frustrationen und Stress führen, was wiederum eine für Mobbing anfällige Situation schafft. Typisches Beispiel ist hierfür die Fließbandarbeit, bei der kurze Maschinentaktzeiten vorgegeben sind und Monotonie die Tätigkeiten kennzeichnet. Hierbei kann aus Frust und Bestreben, den Geist anderweitig zu beschäftigen, das so genannte „Langeweilemobbing" entstehen. Um dem entgegenzuwirken, müssen Arbeitsaufgaben und Arbeitsorganisation so gestaltet werden, dass die Mitarbeiter an ihrem Arbeitsplatz breite Berufserfahrungen erwerben und ihre Lernfähigkeit erhalten können sowie die Möglichkeit zu eigenständigem und kreativem Handeln haben. (Leymann 1993: S. 133 ff.; vgl. auch Huber 1993: S. 18)

Die Gestaltung der Arbeitszeit kann die Freizeitgestaltung und das Familienleben stark beeinträchtigen (Zuschlag 1994: S. 35). Eine schlecht gestaltete Hierarchie mit horizontalen und vertikalen Kompetenzüberschneidungen kann einen Nährboden für Konflikte bilden. Wichtige Entscheidungen, wie z.B. die Arbeitszeitregelung, sollten daher nur unter Mitwirkung der Arbeitnehmer erfolgen. Mitgetragene Entscheidungen haben positive Auswirkungen auf die Arbeitszufriedenheit und damit das Betriebsklima. Um Kompetenzkonflikte zu vermeiden, müssen Zuständigkeiten und Entscheidungsbefugnisse genau festgelegt und gegeneinander abgegrenzt werden. (Zuschlag 1994: S. 147 ff.)

Der Zwang zur Zusammenarbeit, z.B. in Form des Gruppenakkords, wird ebenfalls als problematisch angesehen und sollte infolgedessen vermieden werden. Die Gruppenleistung ist in diesem Fall von der Leistung jedes einzelnen Gruppenmitgliedes abhängig. Die Gruppe übt Druck aus und ahndet Minderleistungen, die sich negativ auf die Lohnhöhe auswirken. Die negativen Sanktionen richten sich dabei meist gegen das schwächste Glied. Mobbing kann in dieser Situation Fuß fassen. (Dunckel und Zapf 1986: S. 37; Niedl 1994: S. 121)

Wichtig für die Arbeitsorganisation sind also noch einmal zusammenfassend aufgelistet: eine exakte Arbeitsbeschreibung in Schriftform (zur Vermeidung von Ziel- und Rollenkonflikten), eindeutige Kompetenzfestschreibungen und –abgrenzungen, Beteiligung der Mitarbeiter an für sie wichtigen Entscheidungen und auf Kooperation ausgerichtete Belohnungssysteme, bei der nur eine Belohnung erfolgt, wenn die Mitarbeiter kooperativ zusammenarbeiten (Vermeidung von Neid und Beziehungskonflikten). (Gamber 1995: S. 156)

Außerdem sollten Monotonie und Überforderung verhindert werden.

Grundsätzliche sollte jede arbeitsorganisatorische Maßnahme vor Einführung auf alle Vor- und Nachteile abgeklopft werden. Eine Bewusstmachung der möglichen Folgen kann so manche für das Betriebsklima und damit auch für den Betrieb nachteilige Maßnahme bereits im Vorwege verhindern. Bestehende Strukturen sollten nach diesen Gesichtspunkten ebenfalls überprüft und bei Bedarf geändert werden.

2.1.2. Wahl des „richtigen" Führungsstils

Der Führungsstil hat Auswirkungen auf das Betriebsklima und die Begünstigung oder Vermeidung von Mobbingaktivitäten. So wird Psychoterror von vielen Experten in erster Linie als Führungsproblem angesehen. Und das nicht nur, weil Führungskräfte Mobbing selbst als Führungsmittel einsetzen, sondern auch der nichteingreifende schwache Vorgesetzte sowie der autoritäre Vorgesetzte, der jegliche Initiative der Mitarbeiter und letztendlich auch deren positive Motivation im Keim erstickt, schaffen ein konfliktentstehungsförderndes Arbeitsumfeld. (Huber 1993: S. 18; vgl. auch Gamber 1995: S. 154 f.)

In der Literatur wird einstimmig die Meinung vertreten, dass ein kooperativer Führungsstil die beste Lösung sei. Autoritäre Entscheidungen sollten nur auf Notfälle beschränkt bleiben, in denen keine Zeit zur vorherigen Abstimmung gegeben ist und unverzügliche Entscheidungen erforderlich sind. Dennoch sollten auch derartige Entscheidungen nachträglich gerechtfertigt werden. (Zuschlag 1994: S. 150; vgl. auch Resch 1994: S. 145)

Der kooperative Führungsstil beinhaltet „Kommunikation" zwischen Vorgesetzten und Mitarbeitern. Der Vorgesetzte bezieht seine Mitarbeiter in Entscheidungen mit ein, diskutiert mit ihnen, hört ihre Einschätzung und Fachmeinung an und versucht so, eine gemeinsame Problemlösung zu finden. Die Zeit der Unternehmenspatriarchen ist vorbei. Immer mehr selbstbewusst werdende Arbeitnehmer nehmen Autorität nicht mehr kritik- und widerspruchslos hin. Sie wollen ihre eigene Tätigkeit sinnvoll erleben und auf sachlicher sowie auf emotionaler Ebene ernst genommen und geachtet werden. Ein Management, das Erfolg haben will, muss durch die Wahl des entsprechenden Führungsstils auf die Bedürfnisse der Mitarbeiter eingehen. Die Unternehmensziele lassen sich nur mit und nicht gegen die Belegschaft erreichen. (Thomas 1993: S. 153 f.; vgl. auch Leymann 1993: S: 137 f.)

In einem so positiv geschaffenen, kommunikativen Klima fällt es dann den Beteiligten in der Regel leichter, Aggressionen gegeneinander zu vermeiden bzw. durch Kontaktaufnahme und Diskussionen zu einer kooperativen Lösung zu kommen (Gamber 1995: S. 155).

2.1.3.　Schulung der Führungskräfte in Bezug auf Konflikterkennung und Konfliktlösung

Die Führungskräfte erfahren meist als letzte von einem Konflikt oder gar einer Mobbingsituation und haben daraus folgend größere Schwierigkeiten, diesen bereits ausgeweiteten Prozess wieder in den Griff zu bekommen. Bei der richtigen Praktizierung des kooperativen/kommunikativen Führungsstils dürfte dies allerdings nicht der Fall sein. Durch die mit diesem Führungsstil verbundenen ständigen intensiven Gespräche mit den Mitarbeitern, in deren Rahmen natürlich auch Konflikte und Probleme zur Sprache kommen sollen, können diese bereits in der Anfangsphase entdeckt werden. Der Vorgesetzte kann dann entsprechende Vermittlungsversuche zwischen den Kontrahenten unternehmen, um Schlimmeres (z.B. Mobbing) zu vermeiden. Bei Bedarf kann er jedoch auch bereits einsetzende Mobbinghandlungen Kraft seiner ganzen Autorität unterbinden, sofern vermittelnde Informations- (über die Problematik Mobbing) und Problemlösungsgespräche nicht fruchteten. Ein paar klärende Machtworte haben schon so manche Mobbingsituation in der Anfangsphase aufgehalten (Resch 1994: S. 134). Unbedingte persönliche Voraussetzungen für den Vorgesetzten sind jedoch Gesprächsbereitschaft, Kenntnisse der richtigen Gesprächsführung sowie die Fähigkeit, den anderen zuhören zu können. Der kooperative Führungsstil und seine Anwendung sowie die Techniken der damit verbundenen Konflikterkennung und -lösung müssen sich die Führungskräfte in externen Schulungen und Seminaren aneignen. Die Ausgaben hierfür lohnen sich jedoch für das Unternehmen mit Sicherheit auf sozialer und finanzieller Ebene und drücken sich in einem positiven Betriebsklima und damit einer förderlichen bzw. produktiven Leistungserstellungssituation aus. (für den gesamten Abschnitt: Thomas 1993: S. 153 ff.; vgl. auch Resch 1994: S. 145, 179 ff.; Walter 1993: S. 96, 99, 123; Gamber 1995: S. 92; Hesse und Schrader 1993: S. 148 ff.)

2.1.4. Thematisierung von Mobbing im Betrieb

Die Bewusstmachung der Auswirkungen von Mobbing für den Betroffenen, das Betriebsklima, die Arbeitsleistung und den Erfolg des Unternehmens, von dem letztendlich auch die Sicherheit der Arbeitsplätze abhängt, sollte als Präventivmaßnahme in jedem Unternehmen durch gezielte Informations- und Diskussionsveranstaltungen erfolgen. Vielfach sind sich Mobbingtäter und -opfer der Mobbingsituation nicht sofort bewusst und empfinden sie sogar als „normal". Gezielte Information über Definition und Auswirkungen von Mobbing kann hier ein kritisches Bewusstsein bei den Mitarbeitern schaffen. Dies bietet dann eine Grundlage für selbstkritische Reflexion und in der Konsequenz vielleicht sogar für Verhaltensänderungen. Die Aufmerksamkeit von Kollegen und Vorgesetzten wird geschärft und diese werden zu frühzeitigem Eingreifen bei beginnenden Mobbinghandlungen angeregt, was letztendlich auch in ihrem eigenen Interesse liegt. (Zuschlag 1994: S. 155 f.; Leymann 1993: S. 151; Leymann 1994. S. 86; Niedl 1994: S. 120; Huber 1993: S. 148 f.; Walter 1993: S. 102 f.)

Es muss gemeinsam eine moralische Grenzlinie erarbeitet werden, wobei deutlich wird, dass Mobbinghandlungen nicht geduldet werden. (Resch 1994: S. 139, 147 ff.)

2.1.5. Betriebsvereinbarungen

Die Thematisierung von Mobbing im Betrieb sollte ihren Höhepunkt in einer „Betriebsvereinbarung" finden. Diese sollte Punkte, wie die generelle Ächtung von Diskriminierung und Mobbing im Betrieb, die regelmäßige Schulung von Führungskräften in Konflikterkennung und –lösung, Mitarbeiterinformations- und –diskussionsveranstaltungen, Konfliktschlichtungsmodelle mit verschiedenen Instanzen sowie Schaffung einer Stelle eines Mobbingbeauftragten mit entsprechenden Aufgaben und Befugnissen enthalten. (Resch 1994: S. 151; Huber 1993: S. 149 f.)

Formelle Konfliktlösungswege und feste Ansprechpartner helfen den Betroffenen, ihr Problem zur Sprache zu bringen (Leymann 1993: S. 151).

2.1.6. Entwicklung von betrieblichen Schlichtungsmodellen

Es existieren verschiedene Modelle der betrieblichen Schlichtung von Konflikten. Auf jeden Fall sollte das Schlichtungsverfahren breit diskutiert und im Rahmen einer Dienst-/Betriebsvereinbarung geregelt werden. Zusätzlich könnte sich jeder Mitarbeiter in seinem Arbeitsvertrag zur Teilnahme an diesem betrieblichen Schlichtungsmodell verpflichten. Das „Moderationsverfahren" stellt das sanfteste Konfliktlösungsmodell dar. Dabei hat jede Konfliktpartei das Recht, ein Gespräch mit der Gegenpartei unter Leitung eines neutralen Moderators zu verlangen. Weitergehend ist dann das „Vermittlungsgespräch" mit dem Vorgesetzten der beiden Kontrahenten, der diesen einen Vermittlungsvorschlag unterbreitet. Handelt es sich um einen Konflikt zwischen einem Vorgesetzten und einem Mitarbeiter, so ist der nächst höhere Vorgesetzte der Vermittler. Das Verfahren verläuft nach in der Dienst-/Betriebsvereinbarung festgelegten Regeln. Beide Parteien haben gleiche Anhörungsrechte. Auf Wunsch kann der Betriebsrat/Personalrat an diesem Vermittlungsgespräch beteiligt werden. Der Vermittler formuliert den Vermittlungsvorschlag, den beide Parteien überdenken und auch ablehnen können. Sollte keine einvernehmliche Lösung möglich sein, wird der Lösungsweg des „Schiedsverfahrens" beschritten. Der Schiedsspruch einer kompetenten und unabhängigen Instanz muss im Gegensatz zum Vermittlungsvorschlag nicht von beiden Parteien angenommen werden, ist jedoch für beide verbindlich und endgültig. (Resch 1994: S. 146 f., 174 f.)

Leymann beschreibt einen englischen Großbetrieb, in dem nach einem erfolglosen Vermittlungsversuch in Form einer gemeinsamen Suche nach einem von allen akzeptierten

Kompromiss durch den nächsten Vorgesetzten der nächst höhere Vorgesetzte aufgesucht
wird. Dieser hört beide Parteien getrennt von-
einander an und entscheidet sich dann zu
100% für eine der beiden Seiten. Nach Ley-
mann`s Bericht hat es bisher jedoch niemand
gewagt, bis zu dieser Instanz vorzudringen, da
das Risiko zu verlieren einfach zu groß ist.
(Leymann 1993: S. 153; vgl. auch Resch
1994: er zitiert Leymann auf S. 147; ebenso
Huber 1993: S. 150)

Berndt Zuschlag sieht die Inanspruchnahme
des Vorgesetzten durch den Gemobbten als
Vermittler durchaus als problematisch an. Es
ist schließlich durchaus möglich, dass der
Mobber zufälligerweise ein Freund, entfernter
Verwandter, ehemaliger Studienkollege oder
Vereinskamerad aus dem Verein des Vorge-
setzten ist. Somit kann eine Beschwerde eher

mehr Schaden anrichten denn nützen. (Zuschlag 1994: S. 126 f.)

Dies könnte zu dem Gedanken der Schaffung einer unabhängigen Schlichtungsinstanz führen. So könnte ein Betriebspsychologe oder ein Anwalt außerhalb des Unternehmens diese Aufgabe übernehmen. (Gamber 1995: S. 157 f.; Leymann 1993: S. 153)

Mit Sicherheit sind noch weitere Schlichtungsmodelle denkbar, die hier jedoch nicht alle vorgestellt werden können.

2.1.7. Mobbing-Beauftragter im Betrieb

Das Opfer einer Mobbingsituation sieht sich oftmals hilflos allein gelassen. Es weiß nicht, wen es mit seinem Problem ansprechen soll. Gerade aber ein kompetenter Gesprächspartner, der zuhört, dem grundsätzlich die Problematik bekannt ist und der Hilfestellung geben kann, ist für einen Gemobbten in dessen Situation äußerst wichtig. Ein Mobbingbeauftragter im Betrieb als fester Ansprechpartner kann diese Aufgabe übernehmen. Dabei kann es sich um ein Mitglied des Betriebsrates, einen sonstigen gewählten und danach entsprechend geschulten (z.B. durch Seminare der Gewerkschaften und Krankenkassen) Kollegen oder einen Fachmann von außen handeln. In kleineren und mittleren Betrieben reicht es durchaus aus, dass der Beauftragte an einem Tag der Woche stundenweise zur Verfügung steht. (Huber 1993: S. 151)

Rudolf F. Thomas bevorzugt die Heranziehung von außenstehenden Experten (Betriebs- oder Arbeitspsychologen), die aufgrund ihres Fachwissens erhebliche Vorteile gegenüber einfachen Betriebsratsmitgliedern haben, die vermutlich in der Regel nicht Psychologie studiert haben. Die Psychologen von außen sind in der Lage, sich mit Mobbingopfern und auch den –tätern besser zu befassen. Außerdem können sie Mobbing anhand von betrieblichen Informations- und Diskussionsveranstaltungen thematisieren. Dies wurde bereits unter Gliederungspunkt 2.1.4. näher erläutert. (Thomas 1993: S. 156 ff.)

2.1.8. Regelmäßige innerbetriebliche

Aussprachen –

Informationsaustausch

Besonders in Großbetrieben gestaltet sich der Informationsaustausch zwischen den Mitarbeitern untereinander sowie zwischen den Mitarbeitern und Vorgesetzten oftmals sehr schwierig. Es bilden sich Gruppen heraus, die sich gegen die anderen abgrenzen; zusätzlich entsteht ein gewisser Unmut darüber, dass die Mitarbeiter von der Unternehmensleitung über für sie wichtige Änderungen und Neueinführungen spät oder/und unzureichend informiert werden. Dies alles beeinträchtigt die Qualität des Betriebsklimas und begünstigt damit die Entstehung von Mobbing. Diesem Umstand können regelmäßige Treffen der Abteilung oder des Teams entgegenwirken. So könnte zum Beispiel eine Abteilungsbesprechung einmal im Monat eine Stunde vor Arbeitsschluss stattfinden. Da sie während der

Arbeitszeit durchgeführt wird, ist sie für alle
verbindlich, ohne jedoch eine Beeinträchti-
gung für die Freizeit zu bedeuten. Die Investi-
tion des Arbeitgebers wird sich mit Sicherheit
lohnen, da sich ein positives Betriebsklima
auch für ihn positiv auswirkt, was bereits
näher erläutert wurde. In diesen Besprechun-
gen sollte der Vorgesetzte die neuesten Pläne
der Unternehmensleitung, die diese Abteilung
betreffen, vorstellen und erläutern. Außerdem
sollten alle Mitarbeiter Probleme, z.B. untereinander, zur Sprache bringen. Dabei hat
jeder Rederecht und kann konstruktive Vor-
schläge machen, die dann im Kreise der An-
wesenden diskutiert werden. Hier besteht die
Chance, Konflikte bereits in ihrer Entstehung
aufzuspüren und auszuräumen. Eine zweimal
pro Jahr stattfindende Betriebsversammlung
rundet die Möglichkeit ab, innerbetriebliche
Probleme transparenter zu machen sowie
Informationen auszutauschen. (Huber 1993:
S. 151; vgl. auch Zuschlag 1994: S. 150;

Gamber 1995: S. 156; Walter 1993: S. 72;
Thomas 1993: S. 78 ff.)

2.1.9. Betriebliche Patenschaften

Ein neuer Mitarbeiter hat in seinem neuen Betrieb meist einen schweren Stand. Er dringt in eine relativ fest gefügte Gruppe von Arbeitnehmern ein, die bereits seit längerer Zeit zusammen arbeiten und sich entsprechend kennen. Da wird ein „Neuer" unter Umständen schnell als „Eindringling" und „Fremdkörper" angesehen und dementsprechend behandelt (Waniorek 1994: S. 37 ff.; Zuschlag 1994: S. 40; Huber 1993: S. 22). Er kennt weder die üblichen Gepflogenheiten des Umgangs miteinander noch die der Arbeitsweise. Es kann daher hilfreich sein, den neuen Mitarbeiter einem altgedienten, betreuenden Kollegen anzuvertrauen, der sich um ihn kümmert. Er führt ihn in den Kreis der Kollegen und in die bereits erwähnten Gepflogenheiten ein. Er dient als Ansprechpartner in der Anfangsphase. Dies erleichtert die rasche Integration in den Betrieb, womit allen nur gedient sein kann. (Huber 1993. S. 152)

2.1.10. Überbetriebliche Beratungsstellen

Ein Hilfesuchender, der keine Möglichkeit hat oder sieht, sich mit seinem Problem an eine Vertrauensperson (sei es der Vorgesetzte, der Betriebsrat oder dergleichen) innerhalb des Betriebes zu wenden, hat die Möglichkeit, mit einer überbetrieblichen Beratungsstelle Kontakt aufzunehmen. Zunächst kann diese Beratungsstelle erst einmal prüfen, ob es sich bei dem geschilderten Fall überhaupt um Mobbing handelt oder ein Problem anderer Natur vorliegt (Niedl 1994: S. 121 f.). Dann können die Ursachen erforscht und weitere mögliche Schritte mit dem Betroffenen erörtert werden. Leymann betont ausdrücklich, dass die Qualität der Beratung erheblich von der Qualifikation des Beraters abhängt. Dieser sollte über eine Grundausbildung als Diplom-Psychologe, über entsprechendes Spezialwissen und genügend Erfahrung mit Mobbingfällen verfügen (Leymann 1993: S. 157). Als besonders qualifiziert haben sich in den 1990er Jahren die Deutsche Angestellten Gewerkschaft (DAG, jetzt ver.di), die Allgemeine Ortskrankenkasse (AOK) und der Kirchliche Dienst in der Arbeitswelt (KDA) erwiesen (Resch 1994: S. 192). Diese Beratungsstellen sind ebenso in der präventiven Aufklärung tätig und können diesbezügliches Informationsmaterial zur Verfügung stellen.

2.1.11. Verbesserung des rechtlichen

Schutzes

Sämtliche Mobbinghandlungen können mit den bestehenden gesetzlichen Regelungen zivil- und strafrechtlich geahndet werden. Vom juristischen Standpunkt aus wird daher ein spezielles „Anti-Mobbing-Gesetz" nicht benötigt. Es darf dabei aber die psychologische Wirkung eines solchen Gesetzes nicht unterschätzt werden. Viele Mobber sind sich nicht bewusst, dass ihre Handlungen unter Umständen gegen Strafgesetzte verstoßen (siehe hierzu auch Gliederungspunkt 2.2.10.8.). Ein „Anti-Mobbing-Gesetz" könnte ihnen dafür ein verstärktes Bewusstsein verschaffen und eine abschreckende Wirkung erzielen. Beispielhafte und vorbildliche Gesetze, die neben dem physischen ausdrücklich auch das seelische Wohl der Arbeitnehmer schützen, gibt es in Schweden, Norwegen und Finnland (Huber 1993: S. 152 f.).

2.1.12. Auswahl der Arbeitsstelle unter sozialen Gesichtspunkten

Jeder Bewerber sollte sich im Rahmen des Bewerbungsgespräches und <u>vor</u> Abschluss des Arbeitsvertrages genau über seinen zukünftigen Arbeitsplatz informieren. Dabei dürfen vor allem die sozialen Gesichtspunkte nicht vernachlässigt werden. Der Bewerber sollte darauf bestehen, seinen potentiellen direkten Vorgesetzten und seine Kollegen sowie seinen zukünftigen Arbeitsplatz kennen zu lernen (Zuschlag 1994: S. 122). Zusätzlich sollten folgende Fragen gestellt werden: wie sieht die Unternehmensphilosophie aus (verurteilt und bekämpft diese Mobbing oder ist sie eher förderlich) (Zuschlag 1994: S. 143 ff.); welcher Führungsstil wird praktiziert; wie gestalten sich die Kommunikationsmöglichkeiten zwischen den Kollegen und zwischen dem Vorgesetzten und seinen Mitarbeitern; wie sieht der Arbeitsablauf und die Arbeitsorganisation aus; welche Konfliktlösungs- und Schiedsmodelle gibt es usw.. Die Antworten auf diese Fragen ergeben zusammen genommen ein Bild des Betriebsklimas, das im Endergebnis als positiv und mobbinghemmend oder negativ und mobbingbegünstigend eingestuft werden kann. Der Bewerber sollte sich dann reiflich überlegen, ob er eine Stellung trotz guten Gehaltsangebotes nicht lieber ablehnen sollte, wenn das Betriebsklima schlecht ist und ihm letztendlich mit den daraus möglicherweise resultierenden negativen Auswirkungen ebenso schlecht gedient ist.

2.1.13. Steuerung des eigenen Verhaltens bei Aufnahme einer Arbeitsstelle

Grundsätzlich sollten alle Verhaltensweisen unterlassen werden, die die Kollegen, die Mitarbeiter oder die Vorgesetzten zu Mobbinghandlungen animieren könnten. Der neue Mitarbeiter sollte sich mit den herrschenden Gruppennormen (d.h. mit den Verhaltensgewohnheiten) auseinandersetzen und sich weitestgehend dem Team bzw. der Arbeitsgruppe anpassen. Sind diese mit seinen eigenen Wertvorstellungen, Lebensanschauungen und Verhaltensgewohnheiten unvereinbar, ist es wohl zweckmäßiger, sich einen geeigneteren Arbeitsplatz zu suchen. Bei nicht so gravierenden Diskrepanzen kann eine Anpassung unnötige Konflikte bereits vor ihrer Entstehung verhindern. (Zuschlag 1994: S. 119 f., 122)

Sollten bei den Kollegen Vorurteile gegen die Person oder das Auftreten des „Neuen" sowie Missverständnisse vorkommen, so sollte dieser umgehend durch sachliche Information und Aufklärung das Konfliktpotential auflösen (Zuschlag 1994: S. 122).

2.2.   Maßnahmen gegen eine akute Mobbingsituation

Die nachfolgend beschriebenen Maßnahmen gegen eine akute Mobbingsituation wurden in erster Linie für das Mobbingopfer entwickelt, das diese am vordringlichsten benötigt.

2.2.1.   Analyse der Situation und Aufdeckung des Konfliktes bzw. der Mobbingursachen

Je eher ein Fall von Mobbing entdeckt wird, desto einfacher und wirkungsvoller gestalten sich die Gegensteuerungsmaßnahmen (Leymann 1994: S. 82; vgl. auch Resch 1994: S. 140, S. 164; Zuschlag 1994: S. 8). So gilt es, ein gewisses „Frühwarnsystem" zu entwickeln. Da Konflikte – vor allem im Anfangsstadium – nicht offen ausgetragen werden, muss auf bestimmte Symptome geachtet werden, die Konflikte bzw. deren Eskalation zu Mobbing ankündigen. Der Betroffene sollte seine persönliche Situation genauestens analysieren. Dabei spielt auch die in diesem Buch erläuterte Definition von Mobbing eine Rolle, die als Maßstab angelegt werden kann. Danach ist es wichtig zu klären, welcher Ursprungskonflikt der derzeitigen Situation zugrunde liegt, wer die Beteiligten sind, welche Machtpositionen sie haben, welche Ziele sie verfolgen und ob der Konflikt sich auszuweiten droht oder noch begrenzbar ist. (Resch 1994: S. 167; teilweise auch Waniorek 1994: S. 81 ff.; Huber 1993: S. 127; Zuschlag 1994: S. 109 ff.; Hesse/Schrader 1993: S. 130)

Zuschlag unterscheidet bei den Mobbingursachen im konkreten Einzelfall in 1. Ursachen, die im Mobber liegen; 2. Ursachen, die im System liegen und 3. Ursachen im Mobbingopfer selbst (im Sinne der Viktimologie). (Zuschlag 1994: S. 113)

Erst nach einer ausführlichen Analyse der Situation und der Aufdeckung des Konfliktes sowie der Konflikt-/Mobbingursachen kann entschieden werden, welche Gegenmaßnahmen am geeignetsten ist.

2.2.2.   Dokumentation der Mobbinghandlungen

Es ist wichtig, die Art der Mobbinghandlungen, ihre Intensität sowie den gesamten Ablauf chronologisch in Form eines Tagebuches zu dokumentieren sowie diesbezügliche Beweise zu sammeln. Beweismittel können Schriftstücke (z.B. Drohbriefe), Tonbandaufzeichnungen von Terroranrufen, Faxe und dergleichen sein. Anonyme Schriftstücke geben dem geübten Kriminalisten durch Schriftanalyse und Fingerabdrücke Aufschlüsse über die Identität des Urhebers. Terroranrufe können zuhause durch einen Anrufbeantworter oder ein an den Anschluss installiertes Tonbandgerät mitgeschnitten werden. Es gibt auch entsprechende Geräte, die unauffällig und unkompliziert an das Telefon am Arbeitsplatz angeschlossen werden können. Bei der Telekom kann eine Fangschaltung für zu Hause beantragt werden, um den Anschluss, von dem angerufen wurde, zu identifizieren. Eine Stimmenanalyse der Tonbandaufnahmen ist ebenso hilfreich. Wurde eine Drohung per Fax übersandt, ist in der Regel die zusätzlich ausgedruckte Faxkennung des Absenders aufschlussreich. (Huber 1993: S. 61, S. 97; Resch 1994: S. 173; Thomas 1993: S. 69, S. 72)

Tagebuch und Beweismittel können bei Beschwerden, z.B. beim Betriebsrat oder beim Arbeitgeber, vorgelegt werden, sind unbedingte Voraussetzung zur Einleitung zivil- und strafrechtlicher Schritte und können dem Arzt oder Psychotherapeuten bei der Behandlung der Mobbingfolgen hilfreich sein. (Zuschlag 1994: S. 168; Resch 1994: S. 155)

2.2.3. Sicherung und Stärkung der persönlichen Ressourcen

Menschen können sehr viele Stressbelastungen aushalten, wenn sie dabei Hilfestellung und Unterstützung von ihrem sozialen Umfeld erhalten. Dieser Umstand wird in der Psychologie als „social support" bezeichnet. Zum sozialen Umfeld gehören Familie, Verwandte, Freunde und Arbeitskollegen. „Social support" beinhaltet für den Betroffenen die Möglichkeit, einen vertrauensvollen Ansprechpartner für die eigenen Probleme zu haben, der sich um einen kümmert und bei der Lösung der Probleme helfend zur Seite steht. (Leymann 1993: S. 26 f., 70 f.; vgl. auch Dunckel und

Zapf 1986: S. 45; Resch 1994: S. 51, 85, 102, 158)

Da aber gerade im Mobbingfall die Unterstützung durch die Kollegen entfällt (mobbende Kollegen, Mitläufer und Kollegen, die sich raushalten wollen), verlagert sich die gesamte Reproduktion der Kraftreserven in den privaten Bereich. Das Mobbingopfer kann sich dort Kraft und Rat holen, was zu einer wesentlichen Entschärfung der persönlichen Situation führt. Gerade die Familie und ein guter Freund sollten frühzeitig in die persönliche Problematik eingeweiht werden. (Huber 1993: S. 129; Zuschlag 1994: S. 96)

Der Betroffene sollte sich jedoch unbedingt davor hüten, den Konflikt auf den privaten Bereich übergreifen zu lassen. Die Wut und die Verzweiflung dürfen nicht an Menschen ausgelassen werden, die nicht Auslöser dieser Situation sind, sondern sogar eigentlich helfen wollen. Dies würde ansonsten zur Zerrüttung der Familie, dem Verlust von Freundschaften und des „social support" führen, womit das Mobbingopfer dann in und mit seiner Situation völlig allein gelassen wäre. Der totale Abstieg bis hin zum Selbstmord wäre nicht mehr ausgeschlossen (Huber 1993: S. 14). Darum ist es wichtig, sich ein unterstützendes soziales Umfeld zu schaffen und zu erhalten. Beziehungen und Freundschaften sind von Geben und Nehmen geprägt. Auch der andere braucht von Zeit zu Zeit ein offenes Ohr und einen Ratschlag. Zudem sind positive Akzente notwendig. Niemand möchte immer nur Probleme wälzen. Gemeinsame Unternehmungen und Interessen wirken positiv und ablenkend auf beide Seiten. (Huber 1993: S. 130 f.; Resch 1994: S. 158)

Die Solidarisierung mit Leidensgenossen, z.B. im Rahmen einer Selbsthilfegruppe, kann das Selbstwertgefühl stärken. Der Betroffene erkennt, dass er nicht allein ist und dass es auch andere Menschen mit anderen Charakteren und aus anderen Gründen treffen kann. Das Gefühl der Wertlosigkeit, der Isolierung und des eigenen Verschuldens der Situation kann im Kreise anderer Betroffener gemildert werden. (Zuschlag 1994: S. 132; Huber 1993: S. 144 f.; Hesse und Schrader 1993: S. 132)

2.2.4. Beratung von kompetenter Seite in Anspruch nehmen

Wer nach Analyse seiner persönlichen Situation gemäß Gliederungspunkt Nummer 2.2.1. zu dem Schluss kommt, ein Opfer von Mobbinghandlungen zu sein, der sollte umgehend eine kompetente Beratungsstelle aufsuchen. Aufgabe der dortigen Experten wird es zunächst sein, nach Schilderung der Situation zu klären, ob es sich wirklich um Mobbing oder um andere Probleme (z.B. rein arbeitsrechtlicher Natur) handelt. Hier kann eine

objektive Beurteilung erfolgen, die den Ratsu-
chenden vor Fehlinterpretationen und daraus
möglicherweise resultierenden Überreaktio-
nen schützt (Waniorek 1994: S. 105). Danach
kann der Berater dem Betroffenen weitere
Verfahrensschritte und diesbezügliche Ansprechpartner, z.B. Psychotherapeuten und
Rechtsanwälte empfehlen. Absolute Diskreti-
on wird dabei gewahrt und ist der Vorteil einer Beratungsstelle, die sich zu dem noch mit
der Problematik „Mobbing" gut auskennt. Die
Kontaktaufnahme zum Betriebs-
rat/Personalrat oder den Vorgesetzten könnte
dagegen im Betrieb und damit auch den
Mobbern bekannt werden und die Situation
zu diesem Zeitpunkt nur unnötig verschlimmern. (für den gesamten Absatz: Niedl 1994:
S. 121 f.)

2.2.5.   Einen geeigneten Arzt

aufsuchen

Es sollte bereits im Frühstadium des Mobbingprozesses und bei geringsten Anzeichen stressbedingter Krankheiten (seelische und körperliche Beeinträchtigungen) ein Arzt hinzugezogen werden. So kann einer Ausweitung der gesundheitlichen Auswirkungen entgegengewirkt und eine lückenlose Dokumentation der Mobbingfolgen auf Psyche und Körper durchgeführt werden, welche unter anderem im Rahmen eines späteren Gerichtsverfahrens und zur Durchsetzung sonstiger Ansprüche (evtl. Rentenansprüche) nützliche Verwendung findet. Dabei liegt jedoch meist die Schwierigkeit darin, einen „geeigneten" Arzt zu finden. Viele Ärzte sind über den Arbeitsbelastungsfaktor Mobbing und die daraus unter Umständen resultierenden gesundheitlichen Auswirkungen nicht hinreichend informiert und können somit zwischen

Krankheit und (sozialen) Arbeitsbedingungen keinen Zusammenhang herstellen, wobei es dann zwangsläufig zu Fehldiagnosen kommt. Es werden lediglich die Symptome behandelt, ohne jedoch das eigentliche Übel an der Wurzel zu packen. Dieser Umstand trägt zur weiteren Verschlechterung der Situation des Betroffenen bei, der sich unverstanden fühlt, Selbstzweifel bestätigt sieht und durch falsche Behandlung mit starken Psychopharmaka oder gar Psychatrieaufenthalten weiter geschädigt wird. Den Kontakt zu kompetenten und insbesondere mit Mobbing vertrauten Ärzten können die bereits erwähnten Beratungsstellen herstellen. Die Vorlage des unter Gliederungspunkt Nummer 2.2.2. erwähnten Tagebuches über die erfolgten Mobbinghandlungen, das auch die in dem Zusammenhang entstehenden seelischen und körperlichen Befindlichkeiten enthalten sollte, kann dem Arzt oder Psychotherapeuten wichtige Hilfestellung bei Diagnose und Behandlung geben.

(Resch 1994: S. 42 ff., 47, 117 ff., 154 ff.;
Waniorek 1994: S. 113; Zuschlag 1994: S. 92,
137, 168 f.; Leymann 1993: S. 119, 143 f.;
Walter 1993: S. 103 ff.)

2.2.6. Gesprächsaufnahme durch den Betroffenen mit dem Mobber

Sicherlich ist es sinnvoll, im Rahmen eines
„normalen" Konfliktes oder zu Beginn eines
Mobbingprozesses das Gespräch mit dem
Kontrahenten in einer Atmosphäre gleichge-
stellter Gesprächsparteien zu suchen, um
Grenzen zu setzen und eine gütliche Einigung
herbeizuführen und so das Problem zu lösen.
In der Situation eines fortgeschrittenen Mobbingprozesses, in der die Position des Betroffenen bereits deutlich geschwächt ist, ist
ein derartiger Gesprächsversuch meist nicht
nur nutzlos, sondern kann sich sogar nach-
teilig auswirken und sollte daher unterlassen

werden. Der Mobber fühlt sich zwar ertappt, wird sein ihm vorgeworfenes Verhalten in der Regel jedoch abstreiten. Oftmals verschlimmert sich nach solchen Gesprächsversuchen die Mobbingsituation, wobei dem Mobber durch das Gespräch weitere Angriffspunkte und Schwächen des Gemobbten preisgegeben wurden, die er nun zu weiteren Attacken verwenden kann. Schließlich ist es sein Ziel, sein Opfer nachhaltig zu schädigen. (Waniorek 1994: S. 118 f.)

Ansonsten sollte so ein Gespräch nie im Affekt erfolgen, sondern gut vorbereitet werden. Der Betroffene muss auf alle möglichen Reaktionen seines Kontrahenten gefasst sein und sollte diesbezüglich kontern können. Ziele des Gesprächs und dessen Durchführungskonzept sowie Konzeptalternativen sollten vorher überdacht und ausgearbeitet werden. (Resch 1994: S. 167 ff., 174)

Wer auf Nummer sicher gehen will, sollte eine neutrale, vermittelnde Person zu diesem Gespräch hinzuziehen (Resch 1994: S. 170).

Der Einschätzung von Hesse und Schrader, dass es für einen Gesprächsversuch nie (also selbst im Endstadium eines Mobbingprozesses) zu spät sei, kann hier nicht gefolgt werden (1993: S. 147).

2.2.7.   Stärkung der eigenen Position

In Fällen, in denen ein Mitarbeiter aus unternehmenspolitischen Zielsetzungen im Rahmen von Sparmaßnahmen und Personalabbau aus seiner Arbeitsstelle gemobbt werden soll, ist für ihn nicht nur Nervenstärke, sondern auch eine starke arbeitsrechtliche Absicherung wichtig und von Vorteil. Diese Absicherung kann durch Beitritt zum Betriebsrat/Personalrat erfolgen, da diese einen wesentlich erhöhten Kündigungsschutz während ihrer Amtszeit und zeitlich begrenzt auch danach genießen (§ 15 Kündigungsschutzgesetz und § 103 Betriebsverfassungsgesetz). Engagierte Mitglieder sind in diesen Gremien und den Gewerkschaften immer willkommen. Der Betroffene sollte sich daher rechtzeitig zur Wahl stellen, wobei der Zugang über gewerkschaftliche Wahllisten oft leichter ist. Wer schwerbehindert ist, genießt ebenfalls einen erhöhten Schutz aufgrund des Schwerbehindertengesetzes (Kündigungsschutz: §§ 15 ff. SchwbG). Die Anerkennung als Schwerbehinderter sollte rechtzeitig beim zuständigen Versorgungsamt angestrengt und nach Abschluss des Verfahrens dem Arbeitgeber bekanntgegeben werden. Personen, deren Behinderungsgrad weniger als 50% jedoch wenigstens 30% beträgt, können bei der Arbeitsagentur einen Gleichstellungsantrag stellen, um verbesserten Kündigungsschutz zu genießen (§ 2 SchwbG). (Zuschlag 1994: S. 131)

2.2.8. „Innere" Kündigung

Innere Kündigung ist für Personen oftmals der einzige Weg, die sich aufgrund von Mobbing an ihrem Arbeitsplatz nicht wohlfühlen und dort keine motivierenden Zukunftsperspektiven mehr sehen, auf der anderen Seite jedoch auf das Einkommen aus dieser Tätigkeit angewiesen und andere Möglichkeiten nicht in Sicht sind. Der Betreffende gibt seinen Arbeitsplatz nicht auf, ist dort körperlich präsent, erledigt nur noch das Nötigste und sucht seine persönliche Selbstverwirklichung im Privatbereich. Der „Dienst nach Vorschrift" ist nicht mehr so produktiv, da dem Unternehmen die Arbeitskraft nicht in vollem Umfang zur Verfügung gestellt wird, reicht jedoch immer noch aus, um nicht wegen Arbeitsverweigerung gekündigt zu werden. Versucht der Vorgesetzte einen Mitarbeiter durch Nicht- oder Unterbeschäftigung zu mobben, indem er ihm bisherige Aufgaben entzieht oder/und ihm langweilige bzw. offensichtlich unsinnige

Arbeiten zuweist, kann der Betroffene diesen Umstand positiv für sich nutzen. Die so gewonnene neue „Freizeit" kann für eigene Interessen, Projekte, Hobbies, Weiterbildung und sonstige Selbstbeschäftigung verwendet werden. (Zuschlag 1994: S. 132 ff.)

2.2.9.   Juristische Gegenwehr

Heutzutage, wo die Verrechtlichung der Lebenswelt immer weiter um sich greift (Kolonialisierung der Lebenswelt durch das System nach Jürgen Habermas: Theorie des kommunikativen Handelns Band 2, S. 540) und auch ureigenste soziale Beziehungen nicht mehr verschont bleiben, ist es sehr wichtig, entsprechende Vorsorge zu betreiben. So sollte jeder Arbeitnehmer Mitglied einer Gewerkschaft sein, um bei arbeitsrechtlichen Auseinandersetzungen in den diesbezüglichen Genuss des gewerkschaftlichen Rechtsschutzes zu kommen. Für sonstige mögliche Rechtsfälle sollte unbedingt eine Rechtsschutzversicherung abgeschlossen werden. Es nützt nichts Recht zu haben, wenn man aus finanziellen Gründen nicht in der Lage ist, es vor Gericht auch durchzusetzen.

2.2.9.1.   Beschwerde beim Betriebsrat

Das Opfer einer Mobbinghandlung hat wie jeder andere Arbeitnehmer die Möglichkeit, sich beim Betriebsrat gemäß § 85 Betriebsverfassungsgesetz zu beschweren. Der Betriebsrat ist verpflichtet, die Beschwerde entgegenzunehmen und, falls er sie für berechtigt erachtet, beim Arbeitgeber auf Abhilfe hinzuwirken. Zur Durchsetzung seiner Forderungen kann der Betriebsrat unter Umständen sogar das Arbeitsgericht anrufen. Das Ganze hat jedoch nur einen Sinn, wenn die Behauptungen des Betroffenen von diesem auch bewiesen werden können. Hierzu sind Zeugen oder/und Beweismittel, wie sie bereits unter

Gliederungspunkt 2.2.2. erwähnt wurden, notwendig. (Hesse und Schrader 1993. S. 166; Huber 1993: S. 133; Waniorek 1994: S. 106 ff.; Zuschlag 1994: S. 126 f.; Walter 1993. S. 101; Resch 1994: S. 175 f. 182 f.)

Sobald der Gemobbte eine Abmahnung oder Kündigung vom Arbeitgeber erhält, sollte er gleichfalls den Betriebsrat konsultieren, damit dieser beim Arbeitgeber Widerspruch einlegen kann. (Huber 1993: S. 137 ff.; Resch 1994: S. 183)

Grundsätzlich kann der Betriebsrat natürlich als Schlichter in einem Konflikt angerufen werden (Huber 1993: S. 127) bzw. sollte bei Erkennung von Mobbing im Betrieb von sich aus als Vermittler tätig werden (Resch 1994: S. 181 f.).

2.2.9.2. Beschwerde beim Arbeitgeber

Grundsätzlich sollte der Arbeitgeber bei Entdeckung von Mobbing in seinem Betrieb von sich aus geeignete Gegensteuerungsmaßnahmen in Form von <u>Einzel</u>gesprächen (keine Gruppengespräche, da diese eigene, unerwartete Dynamiken entwickeln können) oder nach deren Scheitern in Form von Abmahnung, Versetzung oder Kündigung des <u>Mobbers</u>(!) ergreifen. (Resch 1994: S. 179 ff.; Waniorek 1994: S. 143 f.)

Es wurde jedoch bereits erwähnt, dass der Arbeitgeber von einer derartigen Situation meist erst als letzter erfährt. Der Arbeitnehmer kann in diesem Fall von seinem Beschwerderecht gegenüber dem Arbeitgeber gemäß § 84 Betriebsverfassungsgesetz Gebrauch machen. Daraufhin muss der Arbeitgeber die Beschwerde prüfen. Bei Abweisung ist diese schriftlich zu begründen, wobei dann dem Betroffenen der Weg zum Arbeitsgericht bleibt. Wird der Beschwerde stattgegeben, müssen entsprechende Maßnahmen zur Abhilfe der negativen Umstände getroffen werden. (Hesse und Schrader 1993: S. 166; Huber 1993: S. 132 f.; Walter 1993: S. 99, 101; Zuschlag 1994: S. 126 f.; Waniorek 1994: S. 106 ff, 144; Resch 1994: S. 175)

Gleichzeitig kann das Mobbingopfer um Versetzung an einen anderen Arbeitsplatz im Unternehmen bitten, um weiteren Attacken zu entgehen. Der Erfolg dieser Maßnahme hängt davon ab, inwieweit sich der Mobbingprozess bereits im Betrieb ausgebreitet hat und der Betroffene in der Lage ist, die Opferrolle wieder abzulegen sowie möglicherweise bei sich selbst liegende Ursachen zu beseitigen. (Zuschlag 1994: S. 127 f.)

2.2.9.3. Eigene Kündigung des
betroffenen Arbeitnehmers

Spätestens, wenn alle Möglichkeiten der Gegenwehr erfolglos geblieben sind und bevor größere psychische sowie psychosomatische Schäden entstehen, sollte das Mobbingopfer den geordneten Rückzug durch Eigenkündigung in Erwägung ziehen. Dies ist leider oftmals die letzte und einzige Möglichkeit, mit der sich das Opfer schützen und seine Gesundheit bewahren kann. Sie kann jedoch auch als Chance angesehen werden. Der Betroffene sollte auf keinen Fall überstürzt und damit unüberlegt kündigen, sondern in noch ungekündigter Stellung Bewerbungen bei anderen Unternehmen tätigen. Dies wirkt besser auf potentielle neue Arbeitgeber, verstärkt die Verhandlungsposition ihnen gegenüber (man ist schließlich kein Arbeitsloser, der unbedingt auf einen neuen Arbeitsplatz angewiesen wäre) und lässt keinen finanziellen Druck entstehen, der mit einer Arbeitslosigkeit verbunden ist. Außerdem lässt sich mit dem „Noch"-Arbeitgeber zu diesem Zeitpunkt sicherlich eine einvernehmliche Abmachung bezüglich eines positiven Arbeitszeugnisses treffen. Von einer Kündigung ohne entsprechendes Ersatzangebot kann nur abgeraten werden, da hierdurch neue Probleme, z.B. finanzieller Art, entstehen können. So kann beispielsweise die Arbeitsagentur eine Sperrfrist für das Arbeitslosengeld wegen Eigenkündigung verhängen, wenn es sich nicht von der Bedeutung des Kündigungsgrundes überzeugen lässt (unerträgliche Situation am Arbeitsplatz, schwere Schäden durch Mobbing usw.). Die neue Arbeitsstelle sollte stets eine Verbesserung, zumindest jedoch nie eine Verschlechterung, in Arbeits-, Gehaltsbedingungen und dergleichen darstellen, da dies ansonsten über kurz oder lang zu erneuten Belastungen führen würde, was nicht zu unterschätzen ist. Es sind zwei Arten der Eigenkündigung möglich, die immer schriftlich erfolgen sollten (Schriftform ist in der Regel sogar vorgeschrieben). Sie kann fristgerecht gemäß den Regelungen im Arbeitsvertrag oder aber fristlos (außerordentliche Kündigung) erfolgen. Für die fristlose Kündigung bedarf es wichtiger Gründe (z.B. sexuelle Belästigung), die anzugeben sind und nicht länger als zwei Wochen vor Ausspruch der Kündigung zurückliegen dürfen (Hesse und Schrader 1993: S. 166 f.). (für den gesamten Abschnitt: Hesse und Schrader 1993: S. 168 ff.; Zuschlag 1994: S. 122, 138 ff.; Huber 1993: S. 141 f.; Waniorek 1994: S. 98 f.)

2.2.9.4. Gegenwehr gegen eine Kündigung des betroffenen Arbeitnehmers durch den Arbeitgeber

Es wurde bereits in dieser Arbeit festgehalten, dass der Arbeitgeber irrationaler Weise oftmals im Gemobbten den Störer des Betriebsfriedens sieht und diesen aus seinem Unternehmen mittels Kündigung entfernt (Waniorek 1994: S. 144 f.). Der Betroffene hat jedoch einige Möglichkeiten, sich dagegen zu wehren. Um keine etwaigen Fristen zu versäumen, sollte umgehend der Betriebsrat eingeschaltet werden (die Frist dafür beträgt nur eine Woche; Huber 1993: S. 139). Dieser sollte gebeten und davon überzeugt werden, der Kündigung gemäß § 102 Betriebsverfassungsgesetz zu widersprechen, wobei vom Gekündigten dienlicher Weise eine sachliche Gegendarstellung zu den Kündigungsgründen beigelegt werden sollte. Gewerkschaftsmitglieder können Rechtsberatung und -vertretung im Rahmen des gewerkschaftlichen Rechtsschutzes in Anspruch nehmen. Deren versierte Arbeitsrechtler können die Rechtmäßigkeit der Kündigung prüfen und geeignete Gegenmaßnahmen, notfalls vor dem Arbeitsgericht, einleiten. Wer rechtsschutzversichert ist, muss in der Regel vor Aufsuchen eines Rechtsanwaltes eine so genannte „Deckungszusage" bei seiner Versicherung einholen. Ihr ist der Fall zu schildern. Der Versicherte kann sich nach Erhalt der Deckungszusage selbst einen Anwalt suchen (Anwaltsvereine sind bei der Suche eines geeigneten Fachanwaltes behilflich) oder sich einen von seiner Rechtsschutzversicherung empfehlen lassen. Wichtig ist auch hierbei die Frist. Eine Kündigungsschutzklage vor dem Arbeitsgericht muss innerhalb von 3 Wochen nach Kündigung erhoben werden. (Zuschlag 1994: S. 166 f.; Huber 1993: S. 138 f.)

Man sollte sich jedoch keinen Illusionen hingeben und annehmen, man könne vor Gericht den Erhalt des Arbeitsplatzes erstreiten. Selbst bei Erfolg der Klage geht es in der Regel nur noch um die Festsetzung der Höhe der Abfindung und Ausstellung eines angemessenen Arbeitszeugnisses, da das dem Arbeitsverhältnis zugrunde liegende Vertrauensverhältnis als zerstört zu betrachten ist. Eine Fortführung kann beiden Parteien nicht mehr zugemutet werden. (Resch 1994: S. 178; Zuschlag 1994: S. 140 ff.)

2.2.9.5. Anregung der Kündigung des Schädigers

Im Rahmen einer offiziellen Beschwerde beim Betriebsrat kann das Mobbingopfer die Kündigung des Schädigers anregen. Nach Prüfung des Falles und Anerkennung der Berechtigung der Beschwerde, kann der Betriebsrat die Kündigung oder zumindest die Versetzung des Schädigers, auch wenn es sich dabei um einen Vorgesetzten handelt, vom Arbeitgeber gemäß § 104 Betriebsverfassungsgesetz verlangen, um den Betriebsfrieden wieder herzustellen. Zur Durchsetzung dieser Forderung kann der Betriebsrat sogar das Arbeitsgericht anrufen. Aufgrund dieses Begehrens kann der Arbeitgeber eine außerordentliche Kündigung gegen den Schädiger gemäß § 626 BGB aussprechen, sofern hierfür wichtige Gründe, wie z.B. grobe Beleidigungen, Tätlichkeiten und sexuelle Übergriffe, vorliegen. (Hesse und Schrader 1993: S. 167; Walter 1993: S. 101; Resch 1994: S. 183)

Selbstverständlich ist diese Prozedur nur möglich, wenn der Geschädigte in der Lage ist, seine Anschuldigungen gemäß Gliederungspunkt 2.2.2. dieses Buches zu beweisen.

2.2.9.6.   Anspruch auf Unterlassung

(§ 1004 BGB)

Grundsätzlich verletzen Mobbinghandlungen das allgemeine Persönlichkeitsrecht und weitere Grundrechte des betroffenen Arbeitnehmers gemäß den Artikeln 1 bis 3 des Grundgesetzes. Er hat daraufhin die Möglichkeit, am besten durch einen Rechtsanwalt, die Unterlassung derartiger, rechtswidriger Handlungen vom Schädiger gemäß § 1004 BGB (in Verbindung mit § 823 BGB Präventivschutz) zu verlangen. Dies kann in Form einer schriftlichen Aufforderung des Rechtsanwaltes oder gleich durch eine einstweilige Gerichtsverfügung erfolgen. (Hesse und Schrader 1993: S. 167; Zuschlag 1994: S. 130; vgl. auch Walter 1993: S. 98 und Huber 1993: S. 132)

Gliederungspunkt 2.2.2. (Beweismittel) ist auch hier vor Gericht bedeutsam. Aufgestellte und nicht beweisbare Behauptungen könnten den Mobber in die Lage versetzen, nun von sich aus eine Gegenklage wegen Verleumdung anzustrengen. Deshalb ist die Kontaktaufnahme zu einem Rechtsanwalt dringend anzuraten. (Zuschlag 1994: S. 130, 167)

2.2.9.7. Schadensersatzpflicht des Arbeitgebers

Nach § 75 Absatz 2 Betriebsverfassungsgesetz (BetrVG) ist der Arbeitgeber verpflichtet, auf eine positive Gestaltung der Arbeitsbedingungen zur freien Persönlichkeitsentfaltung hinzuwirken. Zusätzlich verpflichtet ihn der § 75 Absatz 1 BetrVG darüber zu wachen, dass jeder Arbeitnehmer nach den Grundsätzen von Recht und Billigkeit behandelt wird. (Walter 1993: S. 99; Waniorek 1994: S. 106, 135, 143)

Eine allgemeine Fürsorgepflicht des Arbeitgebers kann ebenfalls aus § 618 BGB abgeleitet werden, wonach der Arbeitnehmer so weit wie möglich gegen die Gefahr für Leben und Gesundheit zu schützen ist. Dies ist sicherlich auch auf psychische Folgen von Mobbinghandlungen übertragbar. (Resch 1994: S. 177 f.; Niedl 1994: S. 116 f.)

Verstößt der Arbeitgeber gegen seine Pflichten, kann der betroffene Arbeitnehmer unter Umständen Schadensersatzansprüche geltend machen. Dies trifft insbesondere zu, wenn der Arbeitgeber selbst Mobbinghandlungen vorgenommen hat und der Arbeitnehmer daraufhin eine außerordentliche Kündigung ausspricht, wenn das Mobbingopfer sich mit einer Beschwerde an den Arbeitgeber gewandt und diesen unter Fristsetzung dazu aufgefordert hat, weitere Attacken zu unterbinden, dieses jedoch vom Arbeitgeber unterlassen wurde oder wenn der Arbeitgeber aufgrund einer Beschwerde Gegenmaßnahmen zugesagt, diese aber wiederum nicht vorgenommen hat. In diesen Fällen kann der Arbeitgeber notfalls vor Gericht dazu gezwungen werden, den durch die Kündigung entstandenen Schaden, z.B. den bis zum Ablauf der ordentlichen Kündigungsfrist fälligen Lohn, zu ersetzen. (Walter 1993: S. 101 f.)

Ergänzend wären als Schadensersatz denkbar: Kosten für die Bewerbung um einen neuen Arbeitsplatz (Inserat, Fahrtkosten, Porto usw.), Arztkosten infolge von Körperverletzungen, Psychotherapiekosten infolge von sexuellen Belästigungen, Schmerzensgeld für einen immateriellen Schaden infolge von Ehrverletzungen (Beleidigungen) usw.. (Hesse und Schrader 1993: S. 168)

Auf jeden Fall sollte unbedingt ein Rechtsanwalt zu Rate gezogen werden, der zunächst prüft, ob die vorhandenen Beweise (siehe wiederum Gliederungspunkt 2.2.2.) überhaupt ausreichen und ein Schadensersatzanspruch durchgesetzt werden kann (Zuschlag 1994: S. 130 f.)

2.2.9.8.   Strafrechtliche Schritte

Es wurde bereits festgehalten, das Mobbinghandlungen gegen die Grundrechte des Mobbingopfers verstoßen, die im Grundgesetz garantiert werden. So sind Beleidigungen und Belästigungen eines Arbeitnehmers als Eingriff in sein allgemeines Persönlichkeitsrecht zu werten (Art. 1 und 2 Grundgesetz). Das Recht der persönlichen Ehre gemäß Art. 5 Absatz 2 Grundgesetz wird durch Beleidigungen und Kränkungen verletzt, die körperliche Unversehrtheit gemäß Artikel 2, Absatz 2, Satz 1 Grundgesetz durch Körperverletzungen und das Recht auf freie Entfaltung der Persönlichkeit gemäß Artikel 2, Absatz 1 Grundgesetz wird durch Drohungen sowie Nötigungen beeinträchtigt. (Hesse und Schrader 1993: S. 164; vgl. auch Zuschlag 1994: S. 16; Huber 1993: S. 132; Waniorek 1994: S. 106)

Die üblichen Mobbinghandlungen, wie z.B. Bedrohungen, Beleidigungen, üble Nachrede, Verleumdung, Verunglimpfung, Erpressungen, Nötigungen und Körperverletzungen (auch psychosomatische Schädigung), sind vor allem auch Straftatbestände, die entsprechend geahndet werden können (Zuschlag 1994: S. 19, 166; vgl. auch Resch 1994: S. 177 und Leymann 1993: S. 127).

Diese Straftaten können jedoch nur verfolgt werden, wenn sie den Strafverfolgungsbehörden auch bekannt werden. Das Opfer sollte stets einen Rechtsanwalt mit der Vertretung seiner diesbezüglichen Rechte und der Erstat-

tung einer entsprechenden Anzeige beauftra-
gen. Sinn kann eine derartige Aktion auch
hier wiederum haben, wenn justitiables Be-
weismaterial vorliegt. Ansonsten könnte even-
tuell eine Gegenklage des Mobbers wegen
Verleumdung erfolgen. (Zuschlag 1994: S. 17,
130, 167 f.)

3.　　　Schlussbemerkung

Der Idealfall ist natürlich, Mobbing schon von vornherein durch Präventivmaßnahmen zu vermeiden. Durch Schaffung von Betriebsstrukturen und einer Arbeitsorganisation (im weitesten Sinne), die ein freundliches Betriebsklima fördern, wird Mobbinghandlungen der Nährboden entzogen. Betriebliche Informations- und Aufklärungsveranstaltungen schaffen ein Bewusstsein bei den Arbeitnehmern, derartige Angriffe auf Kollegen weder vorzunehmen, zu tolerieren noch über sich selbst wehrlos ergehen zu lassen. Wer erkannt hat, welche schrecklichen Folgen für das Opfer entstehen, und dass derartige Handlungen nicht toleriert werden, sondern sogar zivil- und strafrechtliche Folgen für den Täter haben können, wird sicherlich auf solche Praktiken in Zukunft verzichten. Letztendlich trägt ein positives Betriebsklima zum Erfolg einer Unternehmung und damit der Sicherung der Arbeitsplätze bei, was im Interesse aller Beschäftigten liegt. Es darf jedoch an dieser Stelle nicht verschwiegen werden, dass die Praxis diese Idealvorstellungen bei weitem noch nicht erfüllt. Es muss noch viel Aufklärungsarbeit geleistet werden, um überhaupt eine Sensibilität dafür zu schaffen, dass es derartige Probleme gibt und dass diese bekämpft werden müssen.

Konflikte lassen sich in sozialen Beziehungen zwischen Menschen nicht immer vermeiden. Es geht nun darum, eine gewisse Streitkultur zu schaffen, die einen positiven Umgang mit den Konflikten ermöglicht, da ohne Letzteres auch keine Fortschritte denkbar wären. Es muss selbstverständlich sein, auf den anderen zuzugehen, ihm Gesprächs- und Kompromissbereitschaft anzubieten, um eine gemeinsame und für beide Parteien akzeptable Lösung zu finden. Derzeit scheint dies in der Praxis leider noch nicht immer möglich zu sein, so dass sich die Konflikte unter Umständen ausweiten.

Ist der Konflikt erst einmal in Mobbing übergegangen, muss von jedem Versuch der direkten Gesprächsaufnahme durch die Betroffenen mit dem Mobber abgeraten werden. Der Mobber wird sich darauf nicht einlassen, da eine Einigung nicht seinen zerstörerischen Zielen entspricht, und diese Möglichkeit wiederum dazu nutzen, das Opfer weiter zu attackieren. Selbst Gespräche mit Anwesenheit und Vermittlung durch Vorgesetzte haben nach eignen Erfahrungen nicht den gewünschten langfristigen Erfolg. Diese Meinung wird z.B. ebenfalls von Linda und Axel Waniorek vertreten (1994: S. 118 f., S. 92).

Der Täter versucht, seinem Opfer nachhaltig zu schaden, und strebt als Endziel die Vertreibung aus dem Unternehmen an. Freundliche Gesprächsbereitschaft hilft da mit Sicherheit nicht weiter. Der Betroffene muss seinem Schädiger eindeutige Grenzen aufzeigen, mit dem Mut der Verzweiflung kämpfen und mit allen legitimen Mitteln den Krieg gegen die Unmenschlichkeit führen. Dabei sollte er unbedingt die Hilfe kompetenter Berater, Ärzte, Psychotherapeuten und Rechtsanwälte in Anspruch nehmen. Als letzte Möglichkeit bleibt dann immer noch der Rettungsanker der eigenen Kündigung, die vor Eintritt und zur Vermeidung nachhaltiger psychischer sowie psychosomatischer Folgen zur Anwendung kommen sollte. Sie kann eine Chance für einen Neuanfang unter besseren Bedingungen darstellen.

4.   **Literaturverzeichnis**

- AOK & KDA & DAG (Herausgeber): „Mobbing – Psychoterror am Arbeitsplatz", Gemeinschaftsbroschüre der Herausgeber, Hamburg, 2. Auflage, Jahr ?

- Dunckel, Heiner & Zapf, Dieter: „Psychischer Stress am Arbeitsplatz" - Belastungen, gesundheitliche Folgen, Gegenmaßnahmen -, Bund-Verlag GmbH, Köln, 1996

- Gamber, Paul: „Konflikte und Aggressionen im Betrieb" – Problemlösungen mit Übungen, Tests und Experimenten -, mvg-verlag, München/Landsberg am Lech, 2. Auflage, 1995

- Hesse, Jürgen & Schrader, Hans Christian: „Krieg im Büro" – Konflikte am Arbeitsplatz und wie man sie löst -, Eichborn Verlag, Frankfurt am Main, 1993

- Huber, Brigitte: „Psychoterror am Arbeitsplatz – Mobbing" – freundin Ratgeber, Falken Verlag, Niedernhausen/Taunus, 1993

- Langenscheidt-Wörterbuch: „Englisch – Deutsch, Deutsch – Englisch", Lizenzausgabe des Deutschen Bücherbundes, Stuttgart/Hamburg/München, mit Genehmigung des Verlages Langenscheidt KG, Berlin und München, 1972

- Leymann, Heinz: „Mobbing" - Psychoterror am Arbeitsplatz und wie man sich dagegen wehren kann -, Rowohlt Taschenbuch Verlag GmbH, Reinbek bei Hamburg, 1993

- Leymann, Heinz: „Kein anderer Ausweg", überarbeitete Fassung von 1994 in: Leymann, Heinz & Niedl, Klaus: „Mobbing" – Psychoterror am Arbeitsplatz -, Verlag des Österreichischen

Gewerkschaftsbundes GesmbH, Wien, 1994

- Niedl, Klaus: „Mobbing in Österreich" in: Leymann, Heinz & Niedl, Klaus: „Mobbing" – Psychoterror am Arbeitsplatz -, Verlag des Österreichischen Gewerkschaftsbundes GesmbH, Wien, 1994

- Resch, Martin: „Wenn Arbeit krank macht", Verlag Ullstein GmbH, Frankfurt am Main/Berlin, 1994

- Thomas, Rudolf F.: „Chefsache Mobbing" – Souverän gegen Psychoterror am Arbeitsplatz -, Gabler Verlag, Wiesbaden, 1993

- Walter, Henry: „Mobbing: Kleinkrieg am Arbeitsplatz" – Konflikte erkennen, offenlegen und lösen -, Campus Verlag GmbH, Frankfurt am Main/New York, 1993

- Waniorek, Linda & Axel: „Mobbing: Wenn der Arbeitsplatz zur Hölle wird", mvg-verlag, München/Landsberg am Lech, 1994

- Zuschlag, Berndt: „Mobbing - Schikane am Arbeitsplatz", Erfolgreiche Mobbing-Abwehr durch systematische Ursachenanalyse, Verlag für Angewandte Psychologie, Göttingen, 1994

Weitere Bücher von Stefan Wahle finden Sie hier:

www.buch.guru

9 783744 892988